AF188080

Impressum
Verlag: BABADADA GmbH, Nedderfeld 112 , 22529 Hamburg
Geschäftsführer / Verlagsleitung: Harald Hof
Druck: Books on Demand GmbH, In de Tarpen 42, 22848 Norderstedt

Imprint
Publisher: BABADADA GmbH, Nedderfeld 112 , 22529 Hamburg, Germany
Managing Director / Publishing direction: Harald Hof
Print: Books on Demand GmbH, In de Tarpen 42, 22848 Norderstedt, Germany

школа

skola

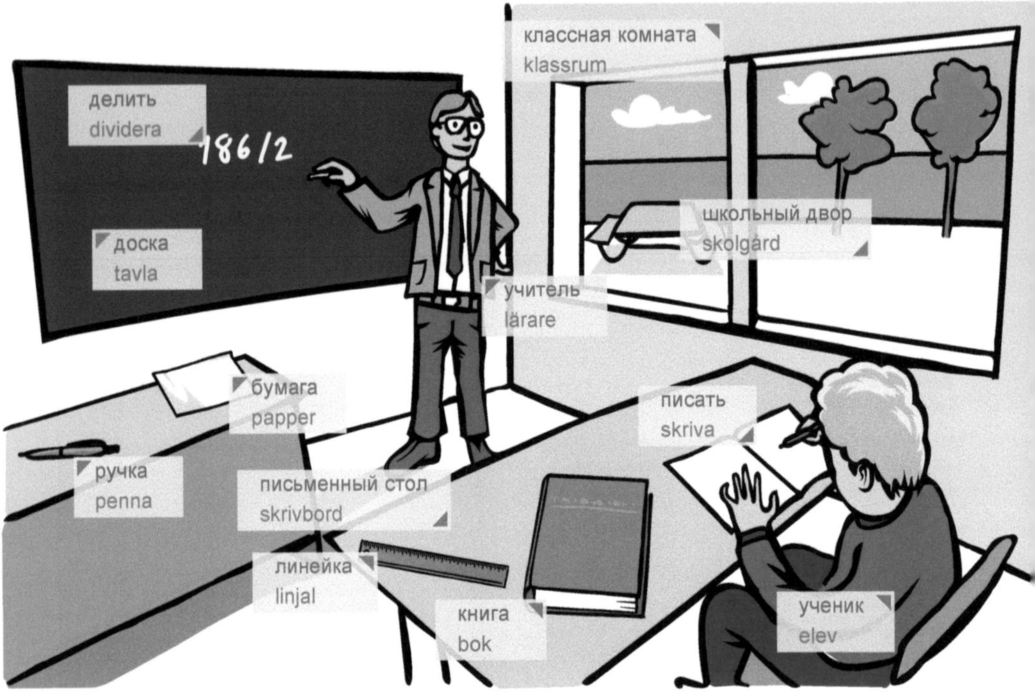

классная комната
klassrum
делить
dividera
186/2
доска
tavla
школьный двор
skolgård
учитель
lärare
бумага
papper
писать
skriva
ручка
penna
письменный стол
skrivbord
линейка
linjal
книга
bok
ученик
elev

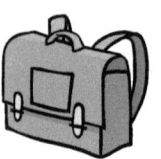

ранец

skolväska

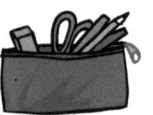

пенал

pennfodral

карандаш

blyertspenna

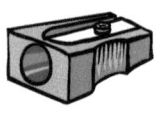

точилка

pennvässare

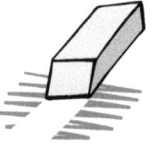

ластик

suddgummi

альбом для рисования

ritblock

рисунок

teckning

кисточка

pensel

коробка красок

målarlåda

ножницы

sax

клей

lim

тетрадь

övningsbok

домашняя работа

hemläxa

цифра

tal

прибавлять

addera

вычитать

subtrahera

умножать

multiplicera

считать

räkna

буква

bokstav

алфавит

alfabet

слово

ord

текст
text

читать
läsa

мел
krita

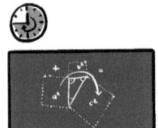

урок
lektion

классный журнал
register

экзамен
prov

диплом
intyg

школьная форма
skoluniform

образование
utbildning

энциклопедия
uppslagsverk

университет
universitet

микроскоп
mikroskop

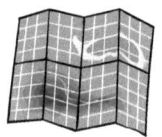

карта
karta

корзина для бумаг
papperskorg

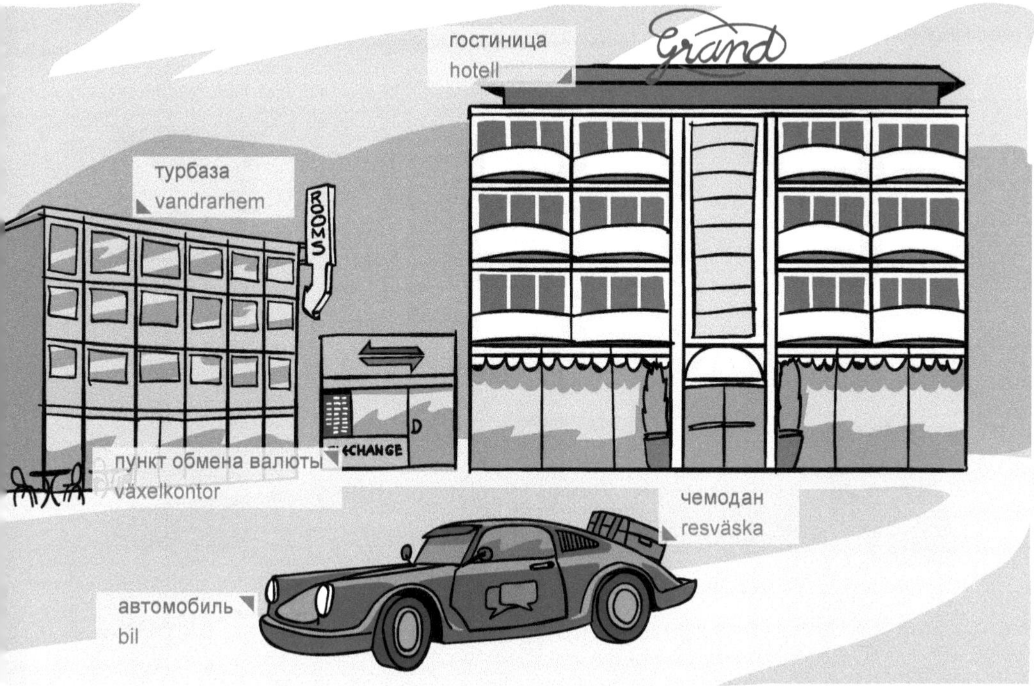

Grand
гостиница
hotell
турбаза
vandrarhem
ROOMS
CHANGE
пункт обмена валюты
växelkontor
чемодан
resväska
автомобиль
bil

язык

språk

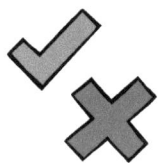

да / нет

ja / nej

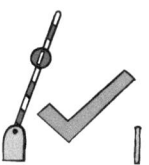

хорошо

Okay

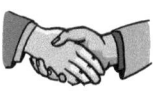

Привет

hej

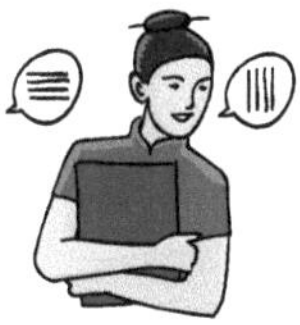

переводчик

översättare

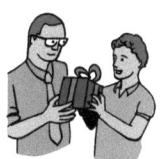

Спасибо

Tack

Сколько стоит...?

hur mycket kostar...?

Я не понимаю

jag förstår inte

проблема

problem

Добрый вечер!

God kväll!

Доброе утро!

God morgon!

Доброй ночи!

God natt!

До свидания

hejdå

направление

riktning

багаж

bagage

сумка

väska

рюкзак

ryggsäck

гость

gäst

комната

rum

спальный мешок

sovsäck

палатка

tält

туристическая
информация
turistinformation

пляж
strand

кредитная карточка
kreditkort

завтрак
frukost

обед
lunch

ужин
middag

билет
biljett

лифт
hiss

почтовая марка
frimärke

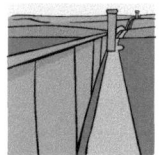

граница
gräns

таможня
tull

посольство
ambassad

виза
visum

паспорт
pass

транспорт
transport

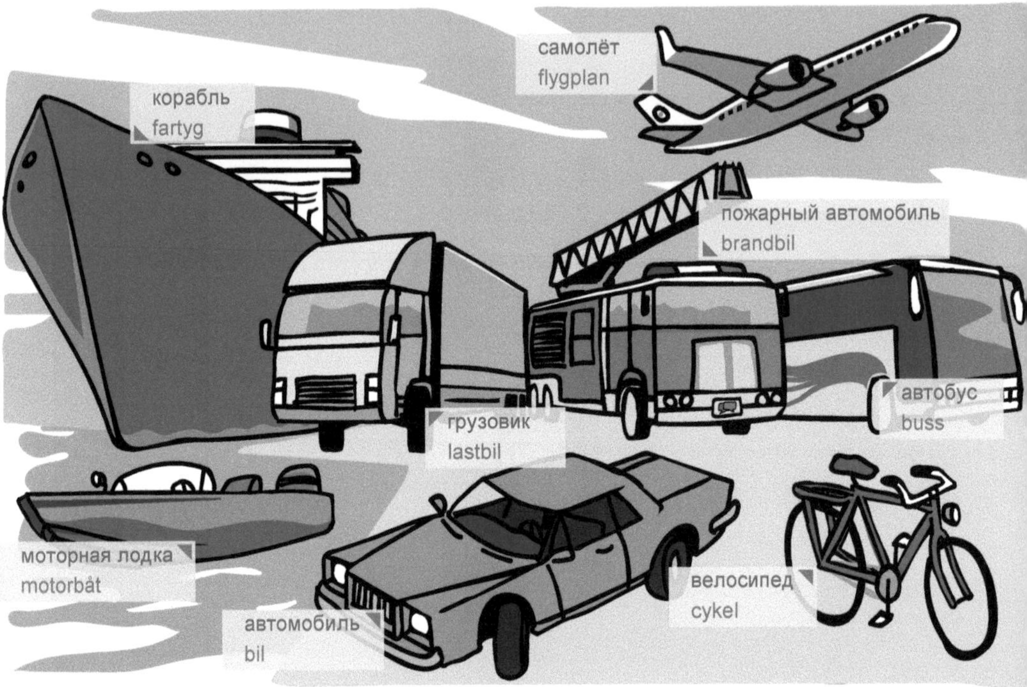
самолёт
flygplan
корабль
fartyg
пожарный автомобиль
brandbil
автобус
buss
грузовик
lastbil
моторная лодка
motorbåt
велосипед
cykel
автомобиль
bil

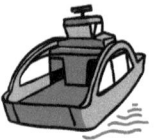

паром

färja

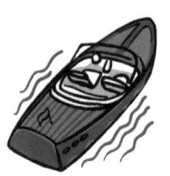

лодка

båt

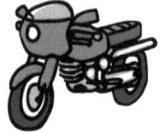

мотоцикл

motorcykel

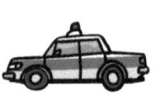

полицейский автомобиль

polisbil

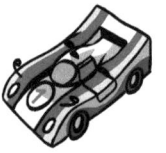

гоночный автомобиль

racerbil

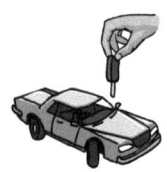

арендованный автомобиль

hyrbil

совместное пользование
автомобилями
bilpool

буксировочный
автомобиль
bärgningsbil

мусоровоз
sopbil

двигатель
motor

топливо
bränsle

заправка
bensinstation

дорожный знак
vägmärke

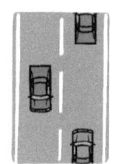

движение
trafik

пробка
bilkö

автостоянка
parkeringsplats

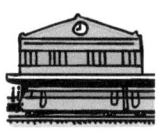

вокзал
tågstation

рельсы
räls

поезд
tåg

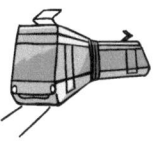

трамвай
spårvagn

вагон
vagn

вертолёт

helikopter

аэропорт

flygplats

вышка

torn

пассажир

passagerare

контейнер

container

коробка

kartong

тележка

vagn

корзина

korg

взлетать / приземляться

starta / landa

город

stad

деревня

by

центр города

centrum

дом

hus

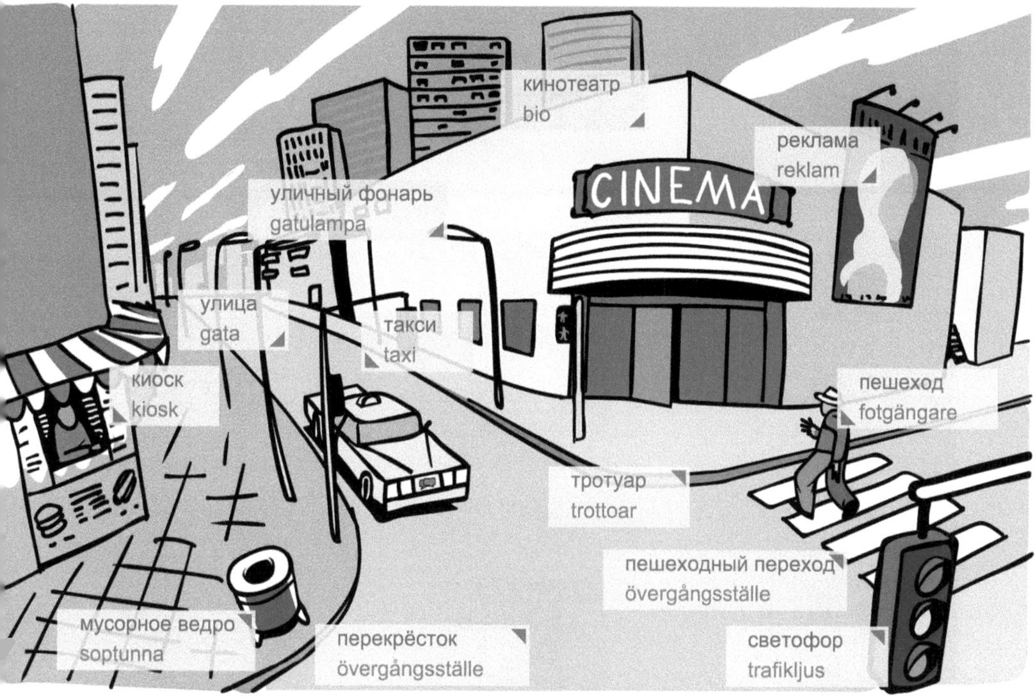

кинотеатр
bio
реклама
reklam
CINEMA
уличный фонарь
gatulampa
улица
gata
такси
taxi
киоск
kiosk
пешеход
fotgängare
тротуар
trottoar
пешеходный переход
övergångsställe
мусорное ведро
soptunna
перекрёсток
övergångsställe
светофор
trafikljus

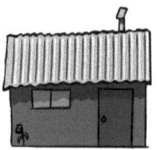

хижина

stuga

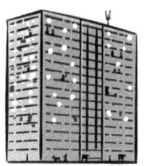

квартира

lägenhet

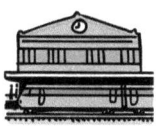

вокзал

tågstation

ратуша

stadshus

MUSEUM

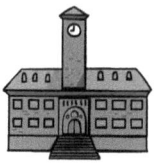

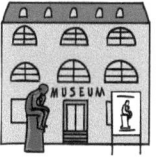

музей

museum

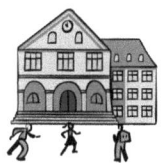

школа

skola

университет

universitet

банк

bank

больница

sjukhus

гостиница

hotell

аптека

apotek

офис

kontor

книжный магазин

bokhandel

магазин

affär

цветочный магазин

blomsterbutik

супермаркет

stormarknad

рынок

marknad

универмаг

varuhus

торговец рыбой

fiskhandlare

торговый центр

köpcentrum

порт

hamn

парк
park

скамейка
bänk

мост
brygga

лестница
trappa

метро
tunnelbana

тоннель
tunnel

автобусная остановка
busshållplats

бар
bar

ресторан
restaurang

почтовый ящик
brevlåda

табличка с названием
улицы
gatuskylt

паркометр
parkeringsautomat

зоопарк
zoo

бассейн
simbassäng

мечеть
moské

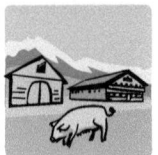

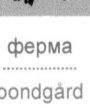

ферма

bondgård

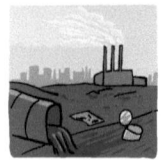

загрязнение окружающей среды

förorening

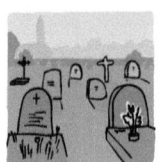

кладбище

kyrkogård

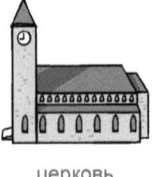

церковь

kyrka

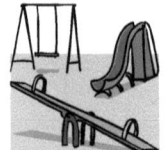

детская площадка

lekplats

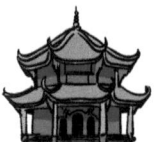

храм

tempel

ландшафт
landskap

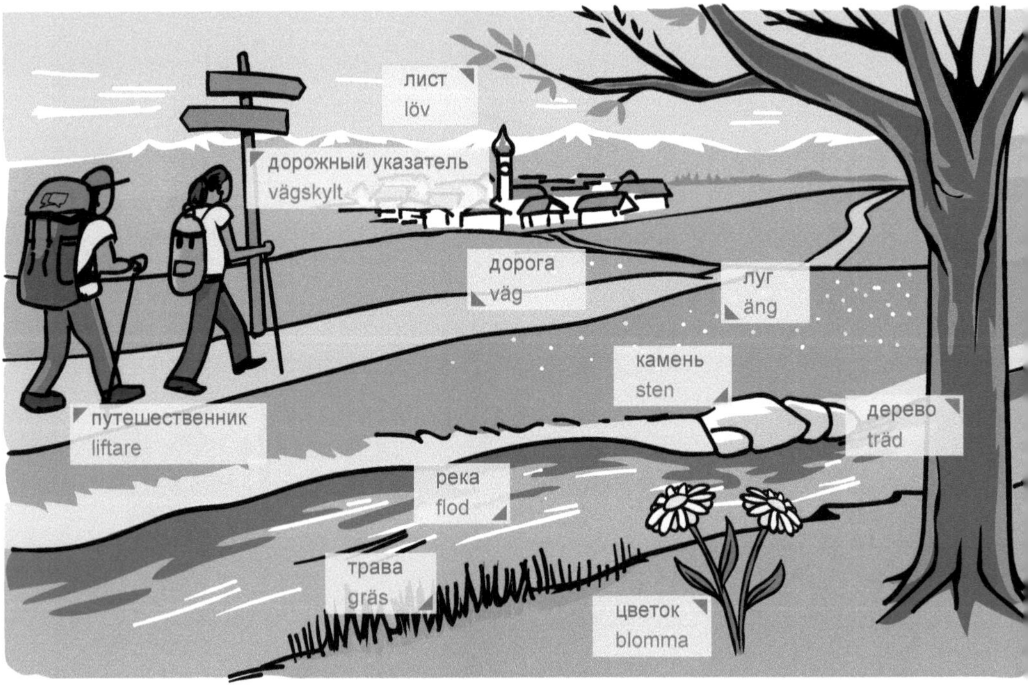
лист
löv
дорожный указатель
vägskylt
дорога
väg
луг
äng
камень
sten
путешественник
liftare
дерево
träd
река
flod
трава
gräs
цветок
blomma

долина

dal

гора

kulle

озеро

sjö

лес

skog

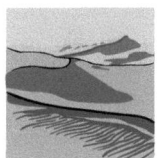

пустыня

öken

вулкан

vulkan

замок

slott

радуга

regnbåge

гриб

svamp

пальма

palm

комар

mygga

муха

fluga

муравей

myra

пчела

bi

паук

spindel

жук

skalbagge

лягушка

groda

белка

ekorre

еж

igelkott

заяц

hare

сова

uggla

птица

fågel

лебедь

svan

кабан

vildsvin

олень

rådjur

лось

älg

плотина

damm

ветряной генератор

vindkraftverk

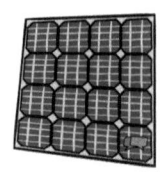

солнечная батарея

solcellspanel

климат

klimat

ресторан
restaurang

официант
servitör
меню
meny
стул
stol
суп
soppa
пицца
pizza
скатерть
bordsduk
столовые приборы
bestick

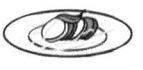

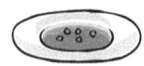

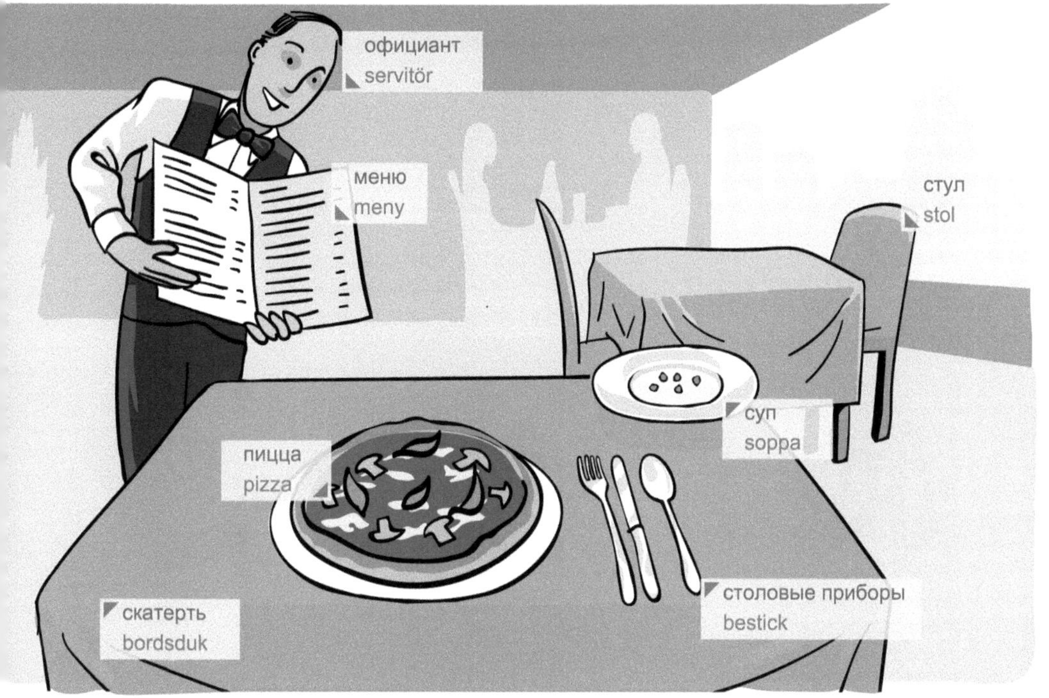

закуска
förrätt

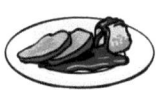

главное блюдо
huvudrätt

десерт
dessert

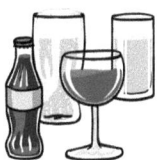

напитки
drycker

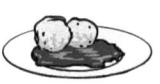

еда
mat

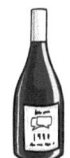

бутылка
flaska

фастфуд

snabbmat

уличная еда

street food

чайник

tekanna

сахарница

sockerskål

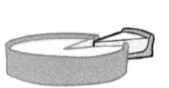

порция

portion

кофеварка

espressomaskin

детский стульчик

barnstol

счет

räkning

поднос

bricka

нож

kniv

вилка

gaffel

ложка

sked

чайная ложка

tesked

салфетка

servett

стакан

glas

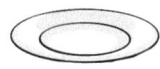

тарелка

tallrik

суповая тарелка

sopptallrik

блюдце

tefat

соус

sås

солонка

saltkar

мельница для перца

pepparkvarn

уксус

vinäger

масло

olja

специи

kryddor

кетчуп

ketchup

горчица

senap

майонез

majonnäs

супермаркет
stormarknad

специальное предложение
specialerbjudande
FOR
покупатель
kund
молочные продукты
mejeriprodukter
фрукты
frukt
тележка для покупок
varukorg

BUTCHERS

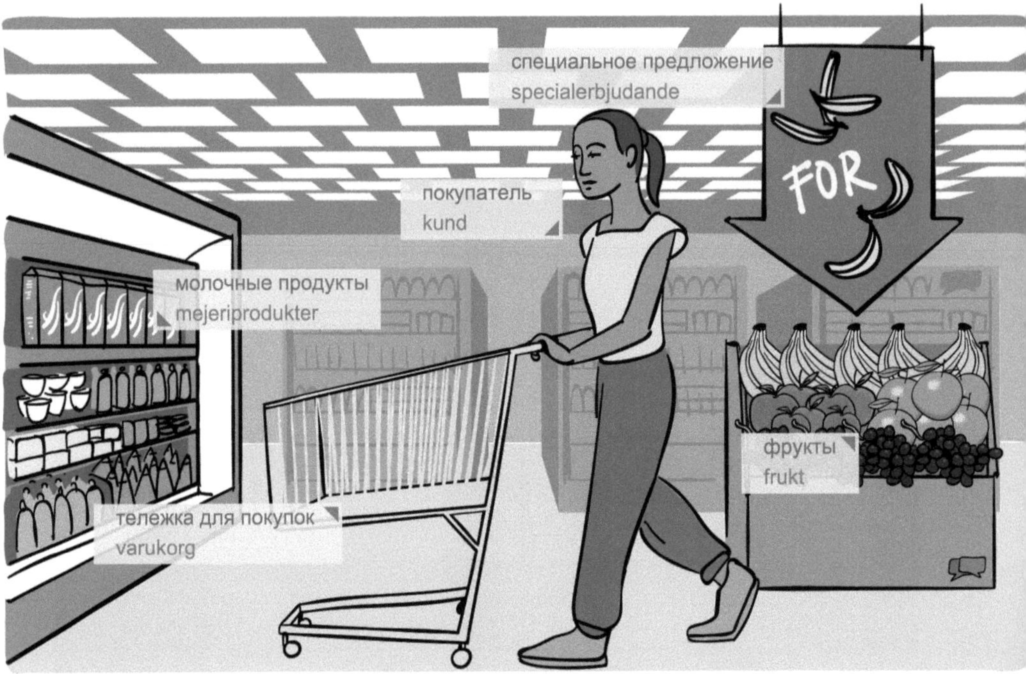

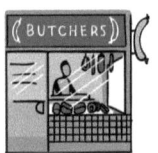

мясной магазин

charkuteri

BAKERY

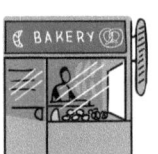

пекарня

bageri

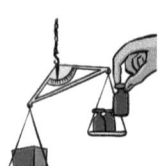

взвешивать

väga

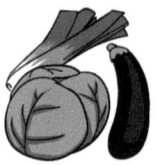

овощи

grönsaker

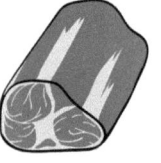

мясо

kött

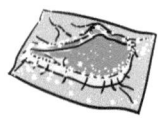

быстрозамороженные продукты

frysta livsmedel

нарезка

pålägg

консервы

konserver

стиральный порошок

tvättmedel

сладости

godis

предмет домашнего обихода

hushållsprodukter

моющее средство

rengöringsmedel

продавщица

försäljare

касса

kassa

кассир

kassör

список покупок

inköpslista

время работы

öppettider

бумажник

plånbok

кредитная карточка

kreditkort

сумка

väska

полиэтиленовый пакет

plastpåse

вода

vatten

сок

juice

молоко

mjölk

кока-кола

cola

вино

vin

пиво

öl

алкоголь

alkohol

какао

kakao

чай

te

кофе

kaffe

эспрессо

espresso

капучино

cappuccino

банан

banan

яблоко

äpple

апельсин

apelsin

арбуз

melon

лимон

citron

морковь

morot

чеснок

vitlök

бамбук

bambu

лук

lök

гриб

svamp

орехи

nötter

лапша

nudlar

спагетти

spaghetti

рис

ris

салат

sallad

картофель фри

pommes frites

жареный картофель

stekt potatis

пицца

pizza

гамбургер

hamburgare

сэндвич

smörgås

шницель

schnitzel

ветчина

skinka

салями

salami

колбаса

korv

курица

kyckling

жаркое

stek

рыба

fisk

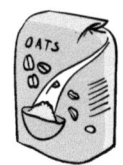

овсяные хлопья

havregryn

мюсли

müsli

кукурузные хлопья

cornflakes

мука

mjöl

круассан

croissant

булочка

fralla

хлеб

bröd

тост

rostat bröd

печенье

kex

масло

smör

творог

kvarg

пирог

kaka

яйцо

ägg

яичница

stekt ägg

сыр

ost

мороженое

glass

сахар

socker

мёд

honung

мармелад

sylt

крем с нугой

nougatkräm

карри

curry

ферма
bondgård

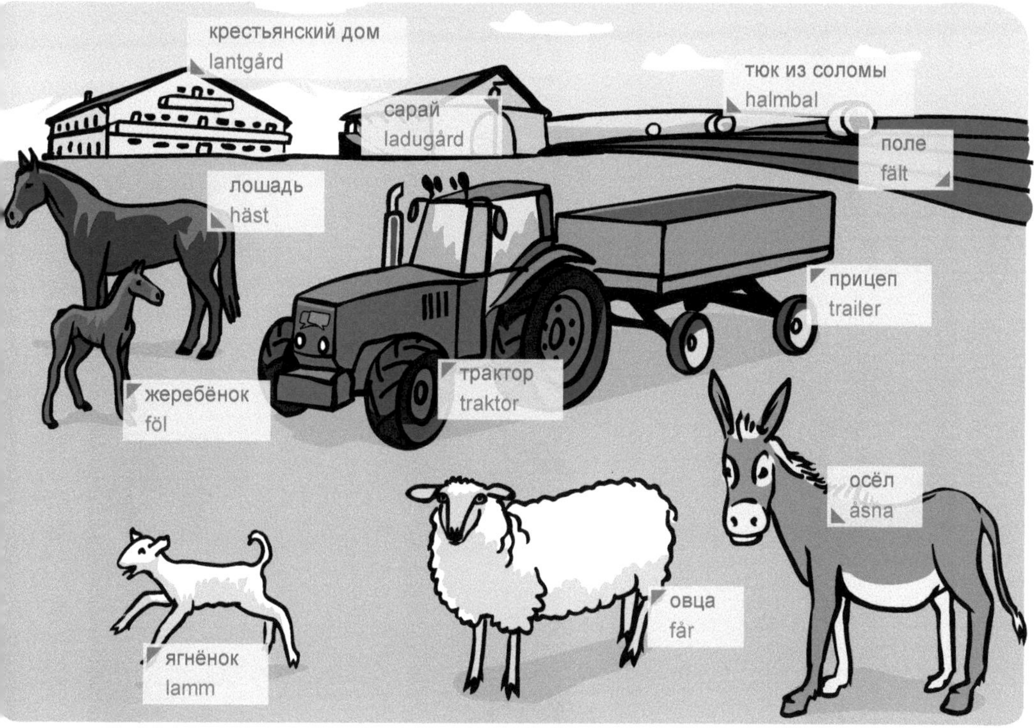
крестьянский дом
lantgård
сарай
ladugård
тюк из соломы
halmbal
поле
fält
лошадь
häst
прицеп
trailer
трактор
traktor
жеребёнок
föl
осёл
åsna
овца
får
ягнёнок
lamm

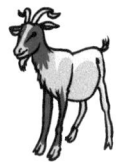

коза

get

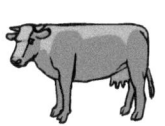

корова

ko

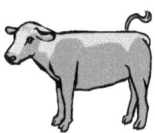

телёнок

kalv

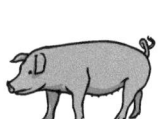

свинья

gris

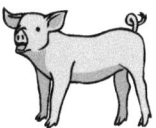

поросёнок

griskulting

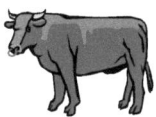

бык

tjur

гусь

gås

утка

anka

цыплёнок

kyckling

курица

höna

петух

tupp

крыса

råtta

кошка

katt

мышь

mus

вол

oxe

собака

hund

конура

hundkoja

садовый шланг

trädgårdsslang

лейка

vattenkanna

коса

lie

плуг

plog

серп

skära

мотыга

hacka

навозные вилы

högaffel

топор

yxa

тачка

skottkärra

корыто

tråg

бидон для молока

mjölkflaska

мешок

säck

забор

staket

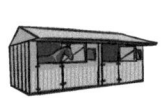

хлев

stall

теплица

växthus

почва

jord

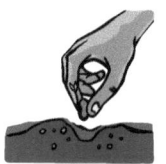

посев

säd

удобрение

gödsel

комбайн

skördetröska

собирать урожай

skörda

урожай

skörd

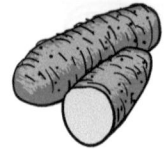

ямс

jams

пшеница

vete

соя

soja

картофель

potatis

кукуруза

majs

рапс

raps

фруктовое дерево

fruktträd

маниок

maniok

злаки

spannmål

дом
hus

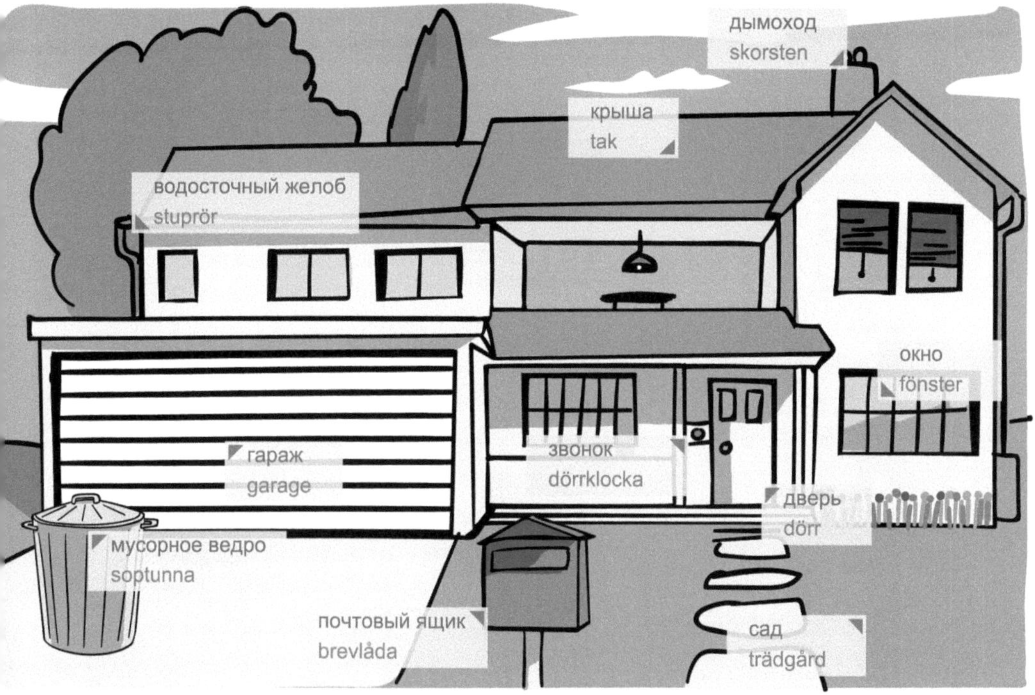

дымоход
skorsten
крыша
tak
водосточный желоб
stuprör
окно
fönster
гараж
garage
звонок
dörrklocka
дверь
dörr
мусорное ведро
soptunna
почтовый ящик
brevlåda
сад
trädgård

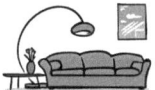

гостиная

vardagsrum

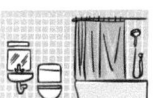

ванная комната

badrum

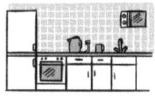

кухня

kök

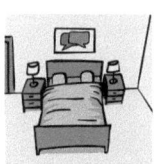

спальня

sovrum

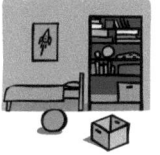

детская комната

barnrum

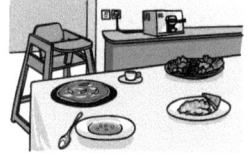

столовая

matsal

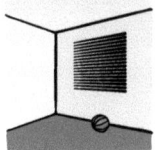

пол
golv

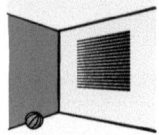

стена
vägg

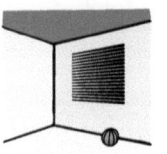

потолок
tak

подвал
källare

сауна
bastu

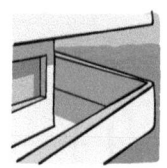

балкон
balkong

терраса
terrass

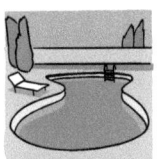

бассейн
bassäng

газонокосилка
gräsklippare

пододеяльник
lakan

покрывало
överkast

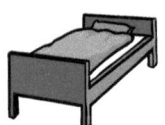

кровать
säng

метла
kvast

ведро
hink

выключатель
strömbrytare

гостиная
vardagsrum

обои
tapet
рисунок
bild
лампа
lampa
полка
hylla
шкаф
skåp
телевизор
TV
камин
eldstad
цветок
blomma
подушка
kudde
диван
soffa
ваза
vas
пульт дистанционного управления
fjärrkontroll

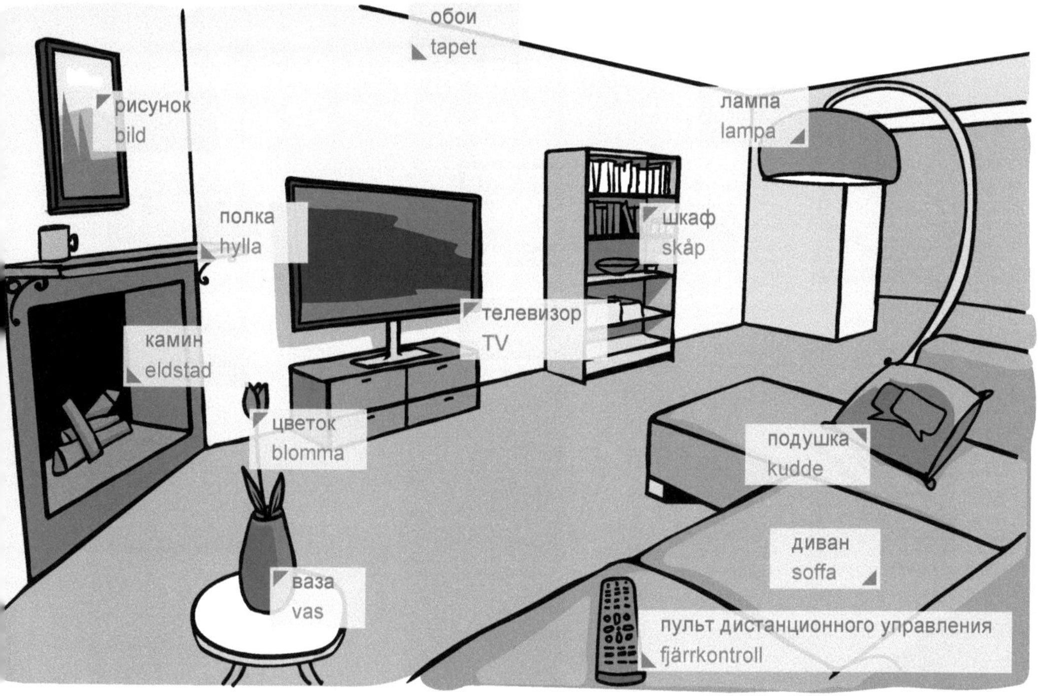

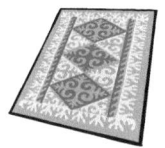

ковёр

matta

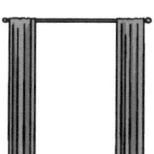

штора

gardin

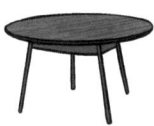

стол

bord

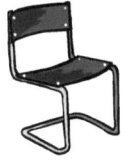

стул

stol

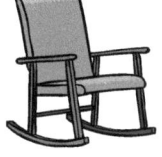

кресло-качалка

gungstol

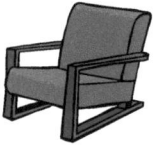

кресло

fåtölj

книга

bok

покрывало

filt

украшение

dekoration

дрова

vedträ

фильм

film

стереосистема

stereoanläggning

ключ

nyckel

газета

dagstidning

картина

målning

плакат

poster

радио

radio

блокнот

anteckningsbok

пылесос

dammsugare

кактус

kaktus

свеча

stearinljus

кухня
kök

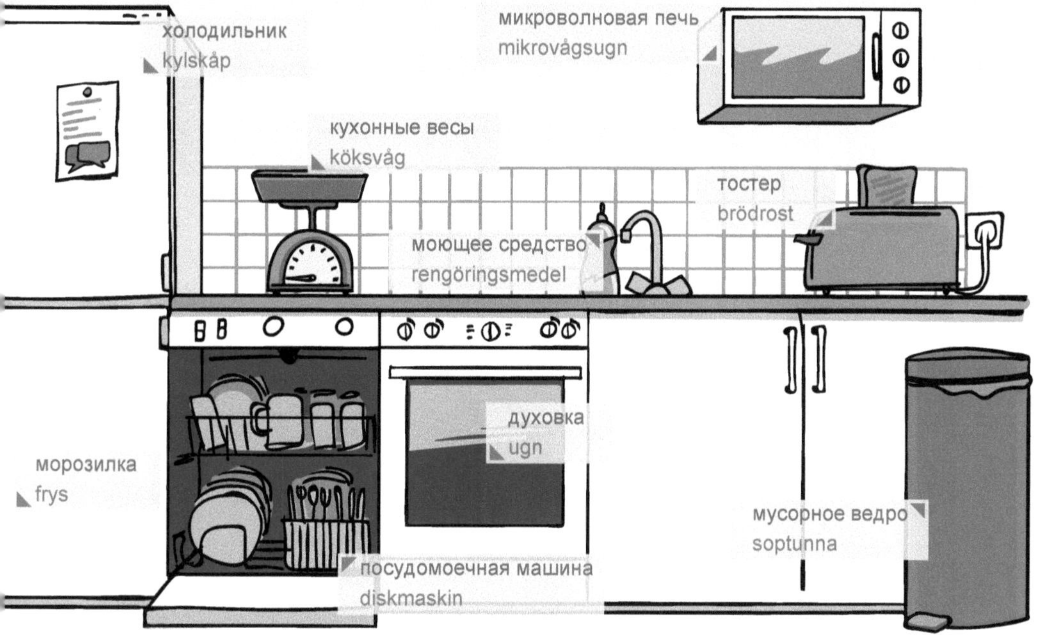
холодильник
kylskåp
микроволновая печь
mikrovågsugn
кухонные весы
köksvåg
тостер
brödrost
моющее средство
rengöringsmedel
духовка
ugn
морозилка
frys
мусорное ведро
soptunna
посудомоечная машина
diskmaskin

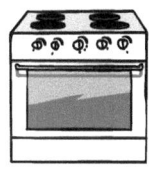

плита
spis

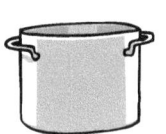

кастрюля
kastrull

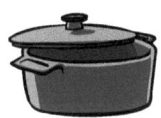

чугунный котелок
järngryta

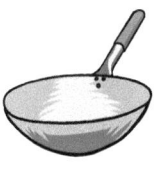

вок / кадай
wok / kadai

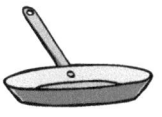

сковорода
stekpanna

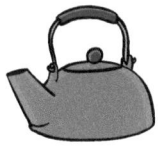

чайник
vattenkokare

пароварка

ångkokare

противень

bakplåt

посуда

porslin

кружка

mugg

миска

skål

палочки для еды

ätpinnar

половник

soppslev

лопатка

stekspade

сбивалка

visp

сито

durkslag

сито

sil

тёрка

rivjärn

ступка

mortel

гриль

grill

костёр

brasa

доска
skärbräda

скалка
kavel

штопор
korkskruv

жестяная банка
burk

консервный нож
burköppnare

прихватка
grytlapp

раковина
vask

щетка
borste

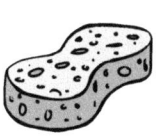

губка
svamp

миксер
mixer

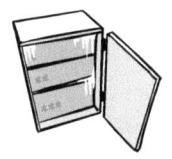

морозильная камера
frys

бутылочка для кормления
nappflaska

кран
kran

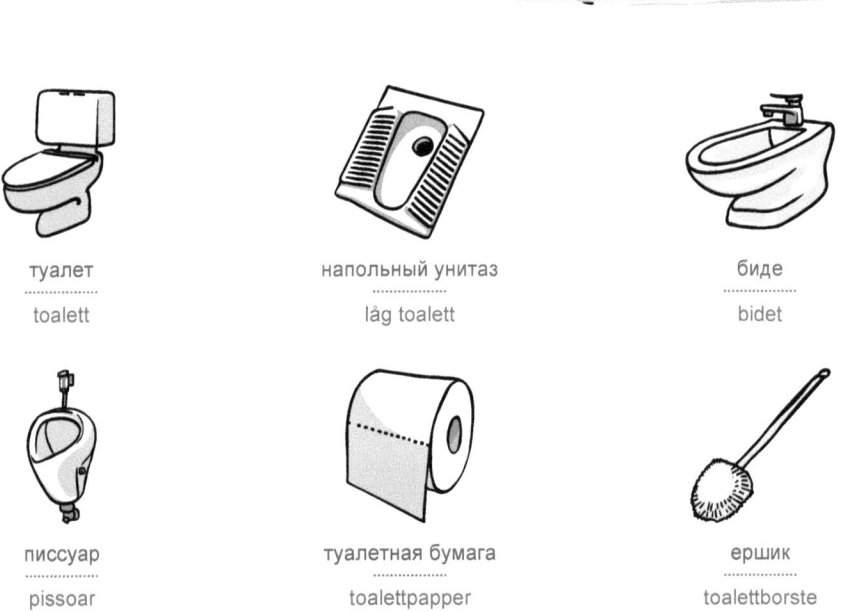

ванная комната

badrum

отопление
värme
полотенце
handduk
душ
dusch
душевая занавеска
duschdraperi
пенистая ванна
bubbelbad
ванна
badkar
стакан
glas
стиральная машина
tvättmaskin
кран
kran
плитка
kakel
горшок
potta
раковина
vask

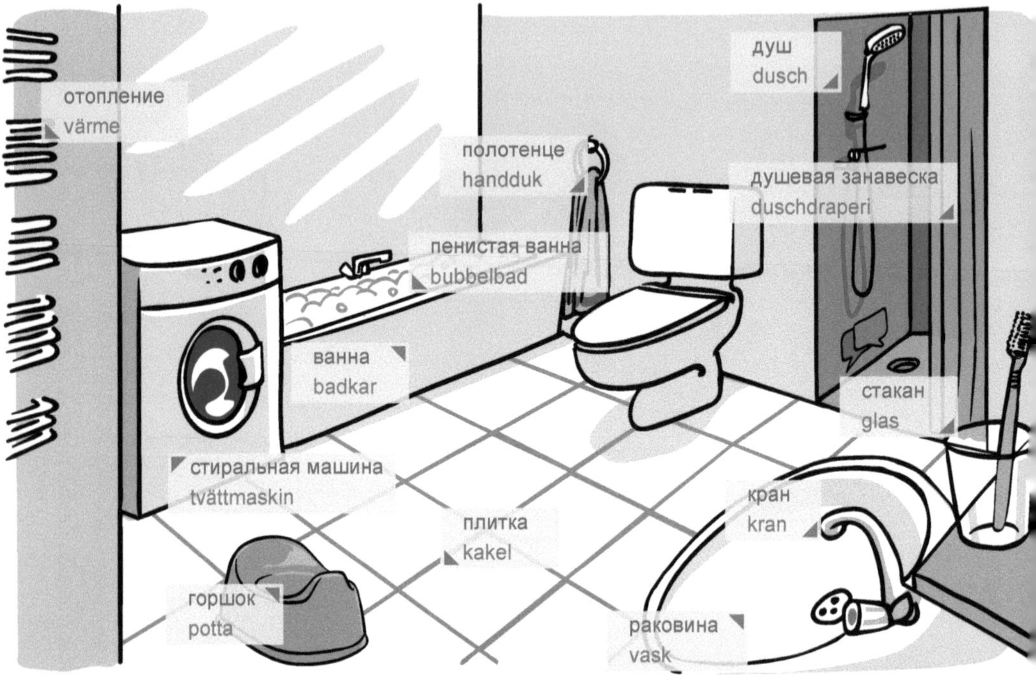

туалет

toalett

напольный унитаз

låg toalett

биде

bidet

писсуар

pissoar

туалетная бумага

toalettpapper

ершик

toalettborste

зубная щетка

tandborste

зубная паста

tandkräm

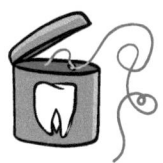

зубная нить

tandtråd

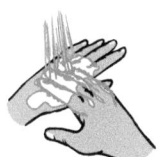

мыть

tvätta

ручной душ

handdusch

интимный душ

intimdusch

таз

handfat

щетка для спины

ryggborste

мыло

tvål

гель для душа

duschgel

шампунь

schampo

мочалка

trasa

сток

avlopp

крем

crème

дезодорант

deodorant

зеркало

spegel

ручное зеркало

handspegel

бритва

rakhyvel

пена для бритья

raklödder

лосьон после бритья

rakvatten

расческа

kam

щетка

borste

фен

hårtork

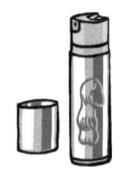

лак для волос

hårspray

косметика

smink

губная помада

läppstift

лак для ногтей

nagellack

вата

bomullsvadd

маникюрные ножницы

nagelsax

духи

parfym

косметичка

necessär

табуретка

pall

весы

våg

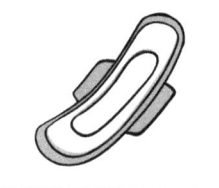

халат

badrock

резиновые перчатки

gummihandskar

тампон

tampong

гигиеническая прокладка

binda

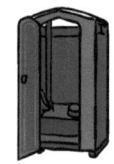

биотуалет

kemisk toalett

детская комната

barnrum

будильник
väckarklocka
мягкая игрушка
gosedjur
игрушечный автомобиль
leksaksbil
погремушка
skallra
кукольный домик
dockhus
подарок
present

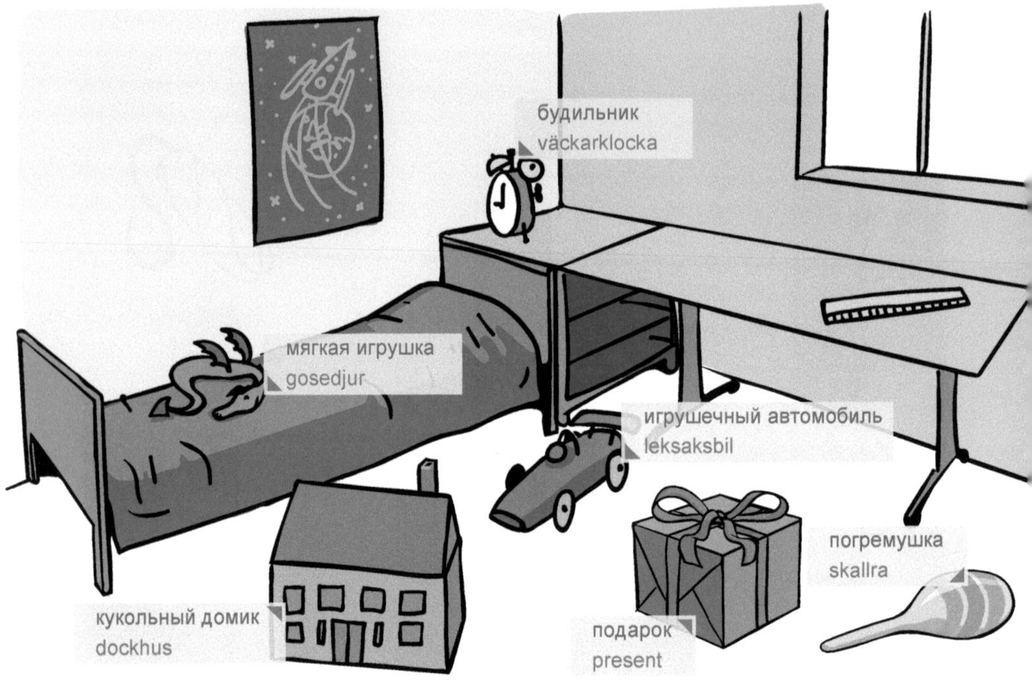

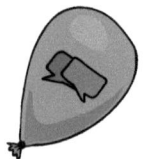

воздушный шар

ballong

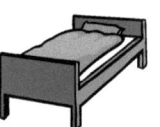

кровать

säng

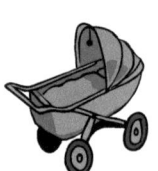

детская коляска

barnvagn

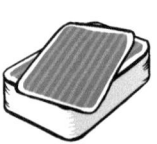

карточная игра

kortlek

пазл

pussel

SUPER
MEGA

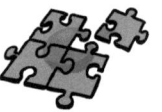

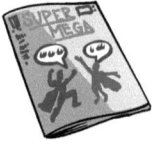

комикс

serietidning

кирпичики Лего

legobitar

кубики

klossar

игрушечная фигурка

actionfigur

ползунки

sparkdräkt

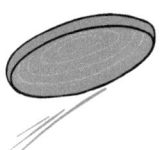

фрисби

frisbee

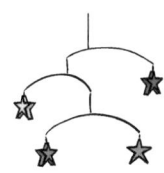

мобиле

mobil

настольная игра

brädspel

кубик

tärning

модель железной дороги

modelljärnväg

соска

napp

вечеринка

party

книга с картинками

bilderbok

мяч

boll

кукла

docka

играть

spela

песочница

sandlåda

качели

gunga

игрушка

leksaker

игровая приставка

spelkonsol

трёхколесный велосипед

trehjuling

плюшевый медвежонок

nalle

шкаф для одежды

garderob

одежда
kläder

носки

sockar

чулки

strumpor

колготки

tights

шарф
halsduk

ремень
bälte

зонтик
paraply

футболка
t-shirt

кроссовки
sneakers

сапоги
stövlar

тапки
tofflor

сандалии
sandaler

ботинки
skor

резиновые сапоги
gummistövlar

трусы
underbyxor

бюстгальтер
BH

майка
linne

боди

body

брюки

byxor

джинсы

jeans

юбка

kjol

блузка

blus

рубашка

skjorta

свитер

pullover

свитер

sweater

спортивная куртка

blazer

жакет

jacka

пальто

kappa

плащ

regnjacka

костюм

dräkt

платье

klänning

свадебное платье

bröllopsklänning

мужской костюм

kostym

ночная сорочка

nattlinne

пижама

pyjamas

сари

sari

платок

slöja

тюрбан

turban

паранджа

burka

кафтан

kaftan

абайя

abaya

купальник

baddräkt

плавки

badbyxor

шорты

shorts

спортивный костюм

träningsoverall

фартук

förkläde

перчатки

handskar

п␣говица

knapp

очки

glasögon

браслет

armband

цепочка

halsband

кольцо

ring

серьга

örhänge

шапка

mössa

вешалка

galge

шляпа

hatt

галстук

slips

застежка молния

dragkedja

шлем

hjälm

подтяжки

hängslen

школьная форма

skoluniform

форма

uniform

детский нагрудник

haklapp

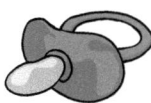

соска

napp

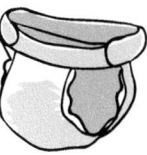

подгузник

blöja

офис

kontor

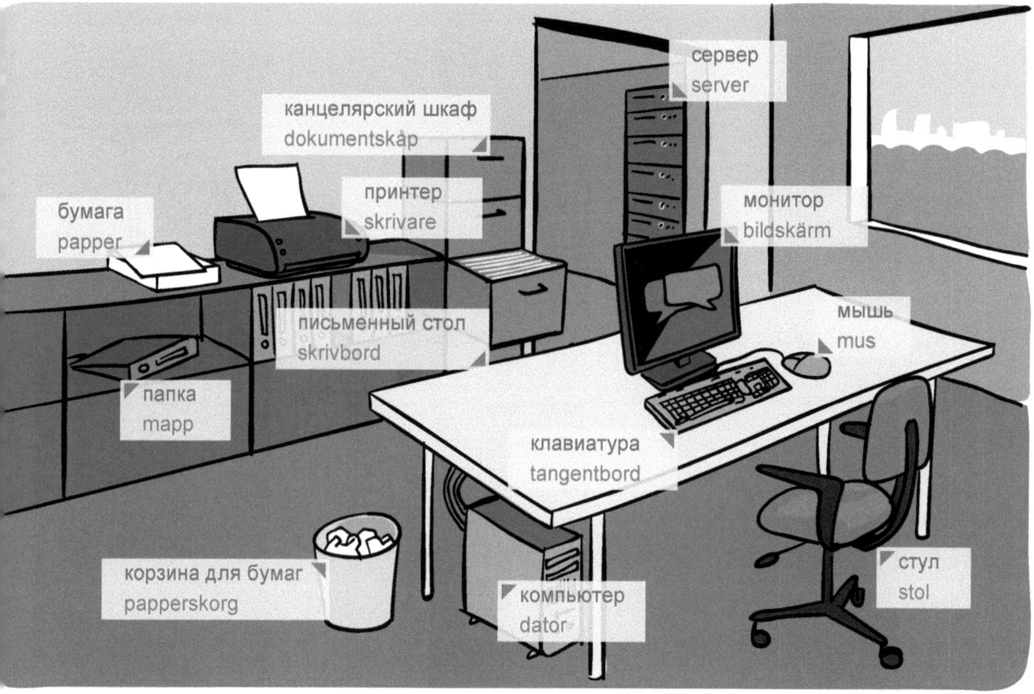

сервер
server

канцелярский шкаф
dokumentskåp

принтер
skrivare

монитор
bildskärm

бумага
papper

мышь
mus

письменный стол
skrivbord

папка
mapp

клавиатура
tangentbord

корзина для бумаг
papperskorg

компьютер
dator

стул
stol

кофейная кружка

kaffemugg

калькулятор

miniräknare

интернет

internet

ноутбук

bärbar dator

письмо

brev

сообщение

meddelande

мобильный телефон

mobiltelefon

сеть

nätverk

ксерокс

kopieringsapparat

программа

programvara

телефон

telefon

розетка

vägguttag

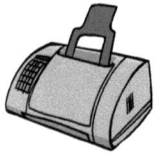

факс

fax

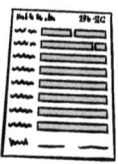

формуляр

blankett

документ

dokument

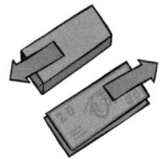

покупать
köpa

платить
betala

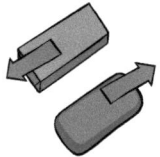

торговать
handla

деньги
pengar

 **USD**

доллар
dollar

 **EUR**

евро
euro

 **JPY**

иена
yen

 **RUB**

рубль
rubel

 **CHF**

франк
schweizisk franc

 **CNY**

жэньминьби юань
renminbi yan

 **INR**

рупия
rupie

банкомат
bankomat

пункт обмена валюты

växelkontor

золото

guld

серебро

silver

нефть

olja

энергия

energi

цена

pris

договор

kontrakt

налог

skatt

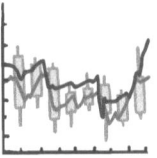

акция

aktie

работать

arbeta

служащий

anställd

работодатель

arbetsgivare

фабрика

fabrik

магазин

affär

профессии
yrken

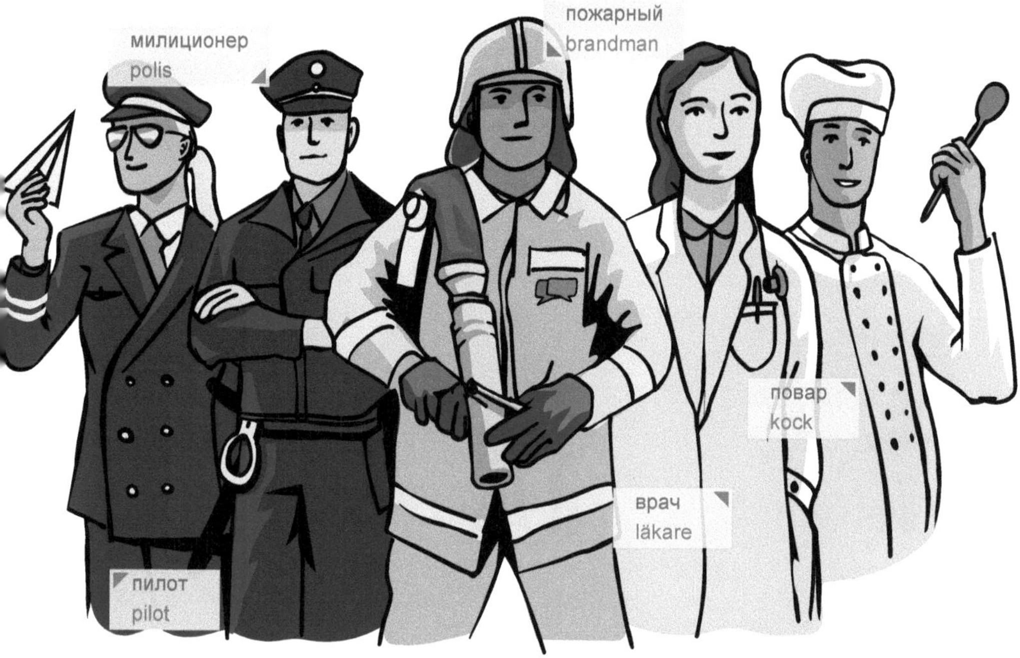
милиционер
polis
пожарный
brandman
повар
kock
врач
läkare
пилот
pilot

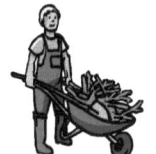

садовник

trädgårdsmästare

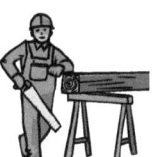

столяр

snickare

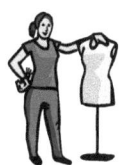

швея

sömmerska

судья

domare

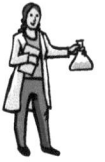

химик

kemist

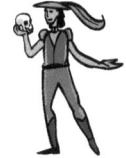

актёр

skådespelare

водитель автобуса

busschaufför

таксист

taxichaufför

рыбак

fiskare

уборщица

städerska

кровельщик

takläggare

официант

servitör

охотник

jägare

художник

målare

пекарь

bagare

электрик

elektriker

строитель

byggarbetare

инженер

ingenjör

мясник

slaktare

сантехник

rörmokare

почтальон

brevbärare

солдат

soldat

архитектор

arkitekt

кассир

kassör

флорист

florist

парикмахер

frisör

кондуктор

konduktör

механик

mekaniker

капитан

kapten

зубной врач

tandläkare

ученый

vetenskapsman

раввин

rabbin

имам

imam

монах

munk

священник

präst

инструменты
verktyg

плоскогубцы
tång
молоток
hammare
отвёртка
skruvmejsel
карманный фон
ficklampa
гаечный ключ
skiftnyckel

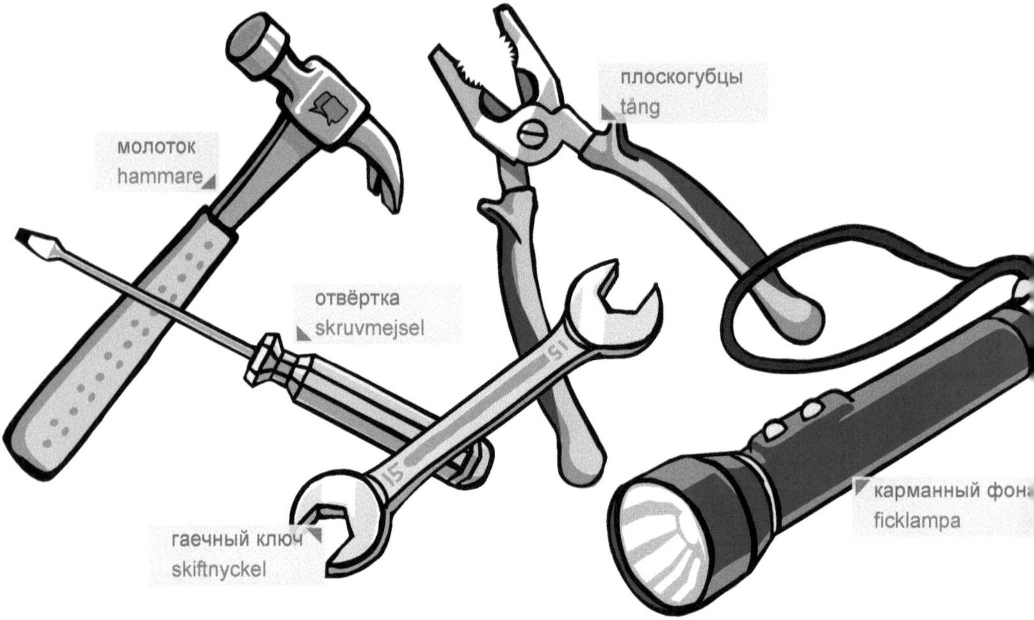

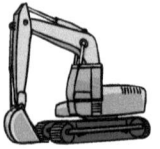

экскаватор

grävmaskin

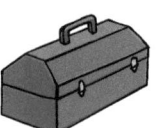

ящик для инструментов

verktygslåda

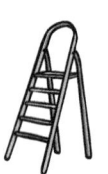

стремянка

stege

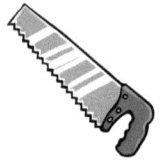

пила

såg

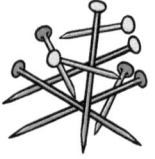

гвозди

spik

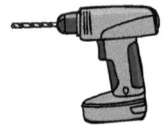

дрель

borr

ремонтировать

reparera

лопата

spade

Блин!

Helvete!

совок

sopskyffel

ведро с краской

färgburk

винты

skruvar

музыкальные инструменты
musikinstrument

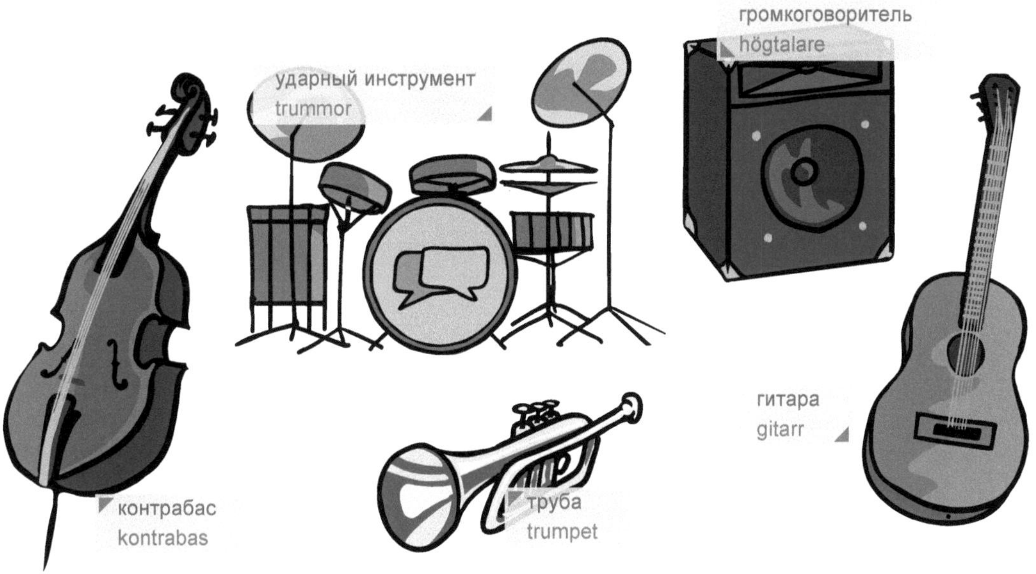

ударный инструмент
trummor

громкоговоритель
högtalare

гитара
gitarr

контрабас
kontrabas

труба
trumpet

пианино

piano

скрипка

violin

бас-гитара

bas

литавры

timpani

барабан

trumma

синтезатор

keyboard

саксофон

saxofon

флейта

flöjt

микрофон

mikrofon

зоопарк

zoo

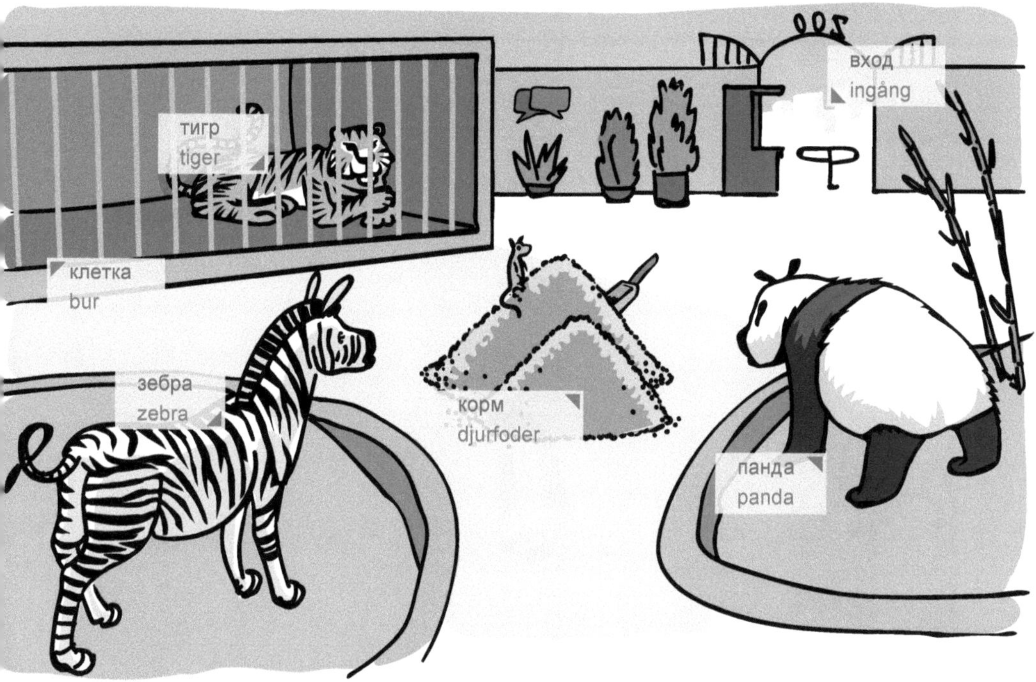

тигр
tiger
вход
ingång
клетка
bur
зебра
zebra
корм
djurfoder
панда
panda

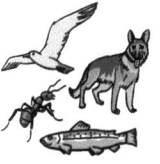

животные
djur

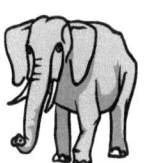

слон
elefant

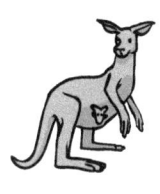

кенгуру
känguru

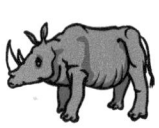

носорог
noshörning

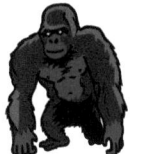

горилла
gorilla

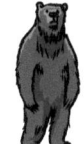

медведь
björn

верблюд

kamel

страус

struts

лев

lejon

обезьяна

apa

фламинго

flamingo

попугай

papegoja

белый медведь

isbjörn

пингвин

pingvin

акула

haj

павлин

påfågel

змея

orm

крокодил

krokodil

служитель зоопарка

djurskötare

тюлень

säl

ягуар

jaguar

пони

ponny

леопард

leopard

бегемот

flodhäst

жираф

giraff

орёл

örn

кабан

vildsvin

рыба

fisk

черепаха

sköldpadda

морж

valross

лиса

räv

газель

gazell

американский футбол
amerikansk fotboll

езда на велосипеде
cykling

теннис
tennis

баскетбол
basket

плавание
simning

бокс
boxning

хоккей
ishockey

футбол
fotboll

бадминтон
badminton

лёгкая атлетика
friidrott

гандбол
handboll

лыжный спорт
skidåkning

поло
polo

действия
aktiviteter

прыгать
hoppa
обнимать
krama
смеяться
skratta
идти
gå
петь
sjunga
мечтать
drömma
молиться
be
целовать
kyssa

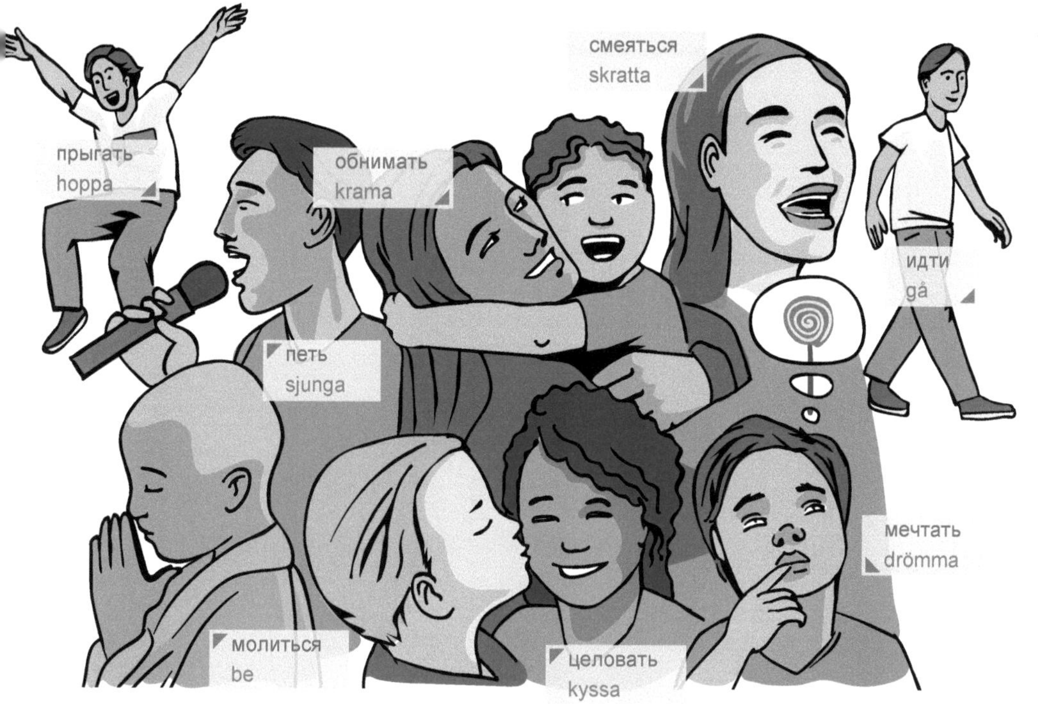

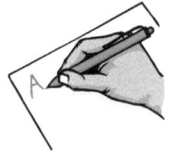

писать
skriva

рисовать
rita

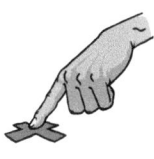

показывать
visa

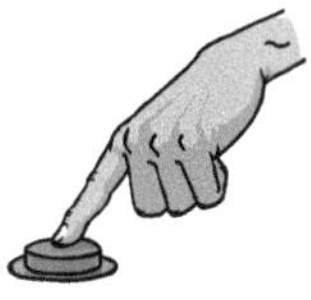

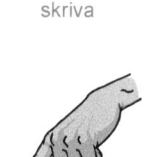

нажимать
skjuta

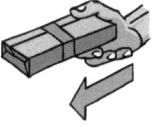

давать
ge

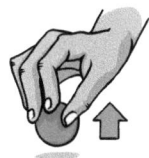

брать
ta

иметь
hagel

делать
göra

быть
vara

стоять
stå

бежать
springa

тянуть
dra

бросать
kasta

падать
falla

лежать
ligga

ждать
vänta

носить
bära

сидеть
sitta

надевать
klä på

спать
sova

просыпаться
vakna

рассматривать
....
se på

плакать
....
gråta

гладить
....
smeka

причесывать
....
kamma

говорить
....
prata

понимать
....
förstå

спрашивать
....
fråga

слушать
....
höra

пить
....
dricka

кушать
....
äta

наводить порядок
....
städa

любить
....
älska

готовить
....
laga mat

ехать
....
köra

летать
....
flyga

ходить под парусом

segla

считать

räkna

читать

läsa

учиться

lära sig

работать

arbeta

вступать в брак

gifta sig

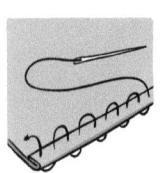

шить

sy

чистить зубы

borsta tänderna

убивать

döda

курить

röka

отправлять

skicka

семья

familj

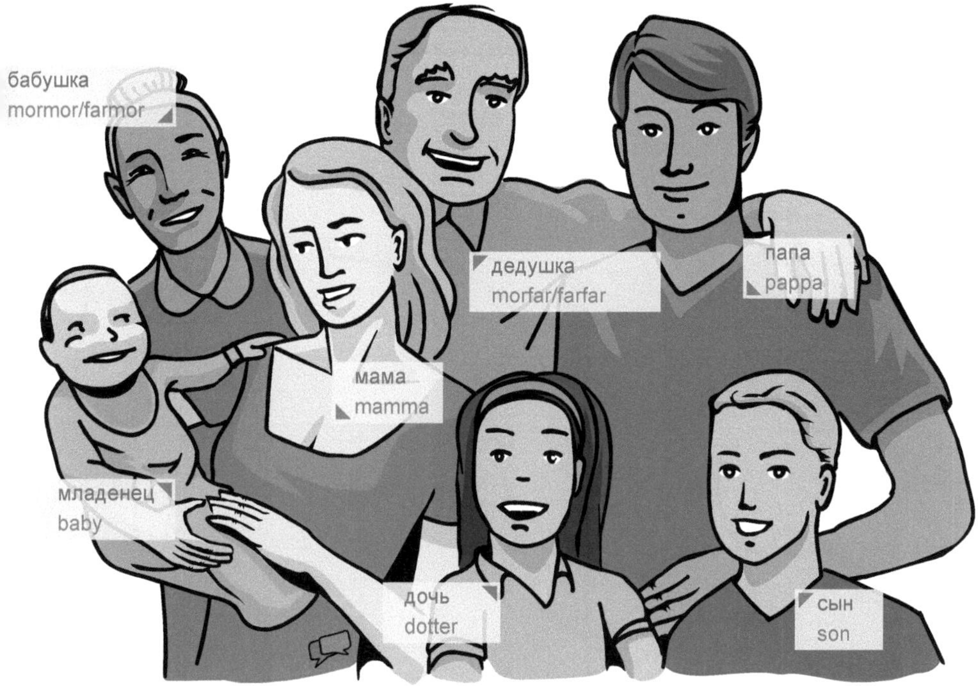

бабушка
mormor/farmor
дедушка
morfar/farfar
папа
pappa
мама
mamma
младенец
baby
дочь
dotter
сын
son

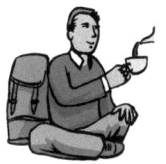

гость
....
gäst

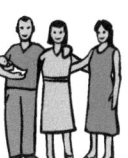

тетя
....
moster/faster

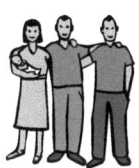

дядя
....
farbror/morbror

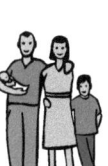

брат
....
bror

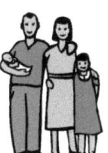

сестра
....
syster

тело

kropp

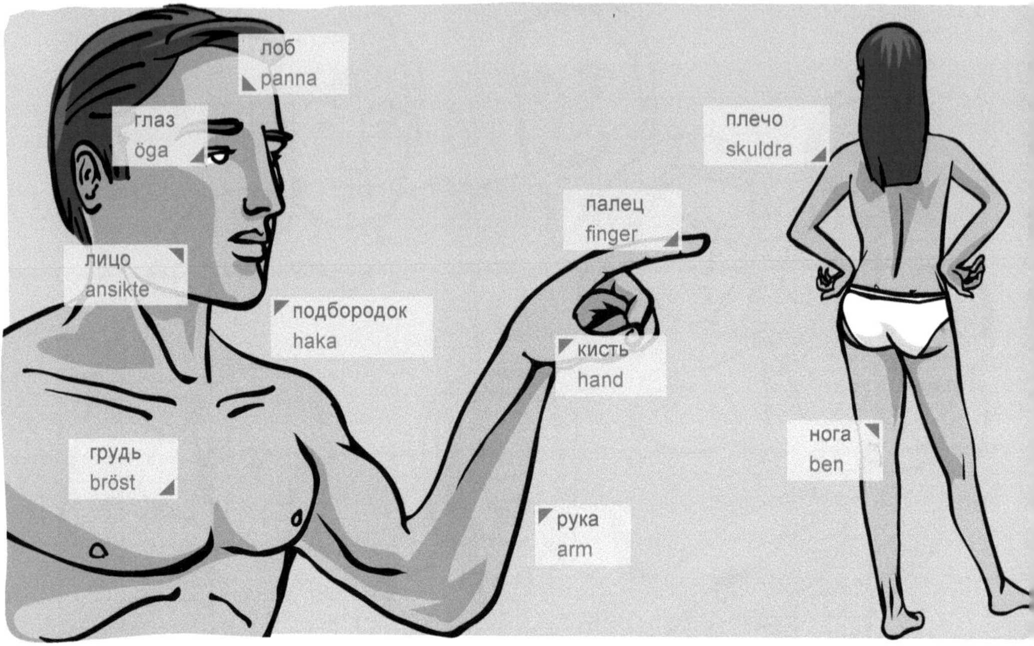

лоб
panna
глаз
öga
плечо
skuldra
палец
finger
лицо
ansikte
подбородок
haka
кисть
hand
нога
ben
грудь
bröst
рука
arm

младенец

baby

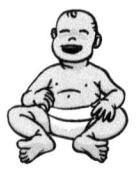

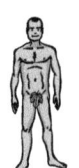

мужчина

man

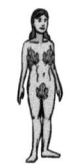

женщина

kvinna

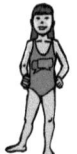

девочка

flicka

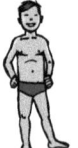

мальчик

pojke

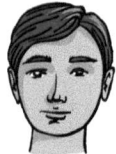

голова

huvud

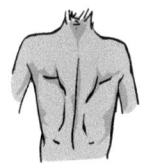

спина

rygg

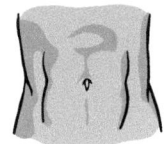

живот

mage

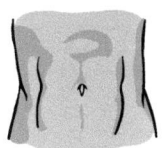

пупок

navel

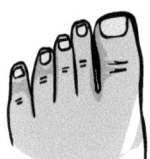

палец ноги

tå

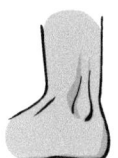

пятка

häl

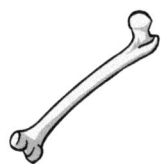

кость

ben

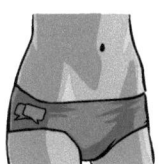

бедро

höft

колено

knä

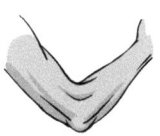

локоть

armbåge

нос

näsa

ягодицы

stjärt

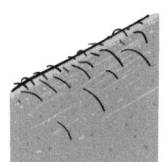

кожа

hud

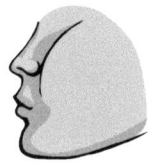

щека

kind

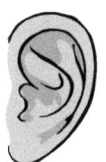

ухо

öra

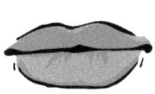

губа

läpp

рот

mun

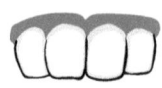

зуб

tand

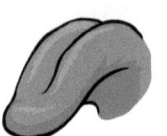

язык

tunga

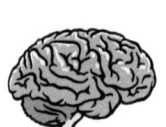

мозг

hjärna

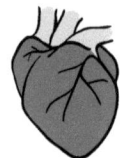

сердце

hjärta

мышца

muskel

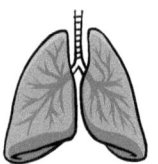

лёгкое

lunga

печень

lever

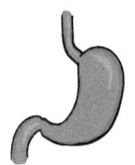

желудок

magsäck

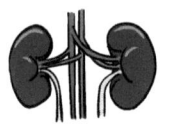

почки

njurar

половой акт

sex

презерватив

kondom

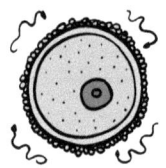

яйцеклетка

äggcell

сперма

sperma

беременность

graviditet

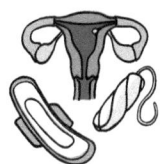

менструация

menstruation

вагина

vagina

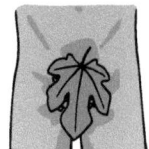

пенис

penis

бровь

ögonbryn

волосы

hår

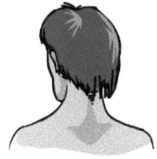

шея

nacke

больница
sjukhus

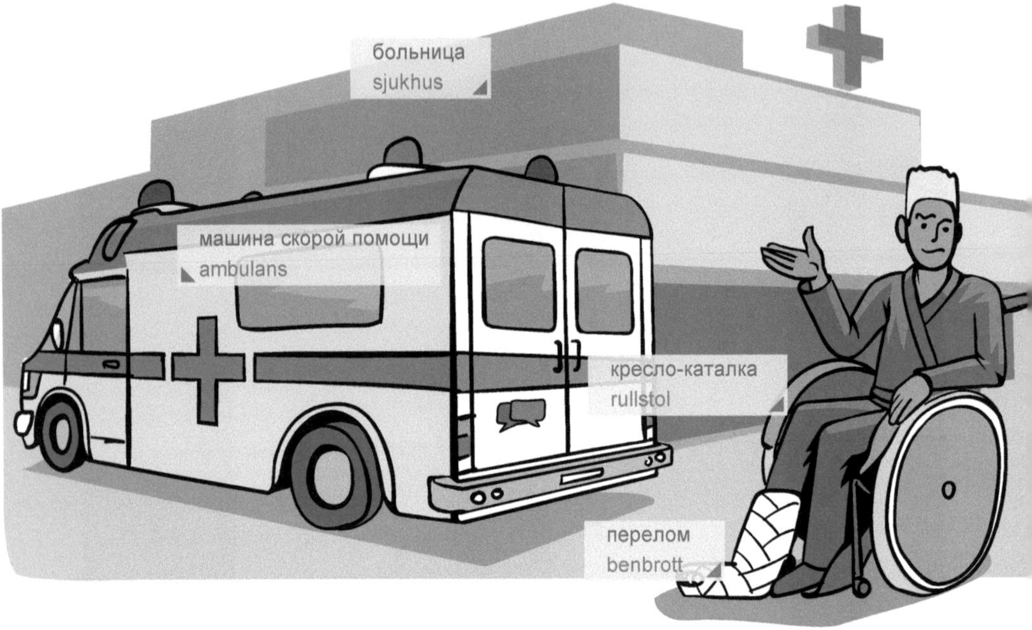

больница
sjukhus
машина скорой помощи
ambulans
кресло-каталка
rullstol
перелом
benbrott

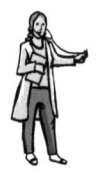

врач

läkare

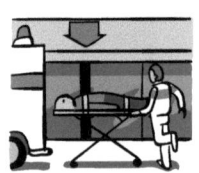

пункт первой помощи

akutmottagning

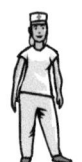

медсестра

sjuksköterska

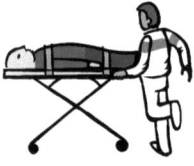

неотложный случай

nödsituation

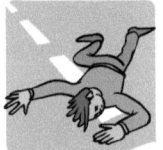

без сознания

medvetslös

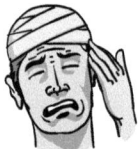

боль

smärta

повреждение

skada

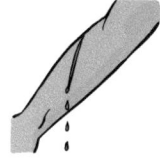

кровотечение

blödning

инфаркт

hjärtattack

инсульт

slaganfall

аллергия

allergi

кашель

hosta

повышенная температура

feber

грипп

influensa

понос

diarré

головная боль

huvudvärk

рак

cancer

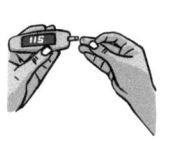

диабет

diabetes

хирург

kirurg

скальпель

skalpell

операция

operation

КТ

CT

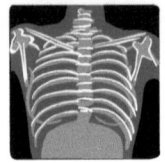

рентген

röntgen

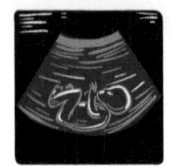

ультразвук

ultraljud

маска

ansiktsmask

болезнь

sjukdom

приёмная

väntsal

костыль

krycka

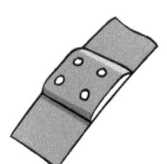

пластырь

plåster

бинт

bandage

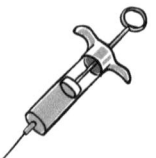

укол

injektion

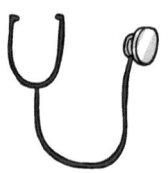

стетоскоп

stetoskop

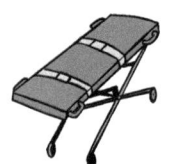

носилки

bår

термометр

termometer

рождение

födsel

избыточный вес

övervikt

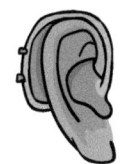

слуховой аппарат

hörapparat

дезинфекционное средство

desinfektionsmedel

инфекция

infektion

вирус

virus

ВИЧ / СПИД

HIV / AIDS

лекарство

medicin

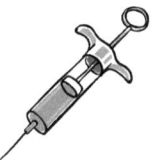

прививка

vaccination

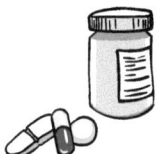

таблетки

tabletter

противозачаточная таблетка

p-piller

экстренный вызов

nödsamtal

прибор для измерения кровяного давления

blodtrycksmätare

больной / здоровый

sjuk / frisk

Помогите!

Hjälp!

сигнал тревоги

alarm

нападение

överfall

атака

misshandel

опасность

fara

запасной выход

nödutgång

Пожар!

Det brinner!

огнетушитель

brandsläckare

несчастный случай

olycka

аптечка

förbandslåda

SOS

SOS

милиция

polis

Европа

Europa

Северная Америка

Nordamerika

Южная Америка

Sydamerika

Африка

Afrika

Азия

Asien

Австралия

Australien

Атлантический океан

Atlanten

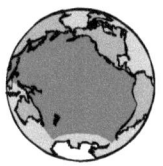

Тихий океан

Stilla Havet

Индийский океан

Indiska Oceanen

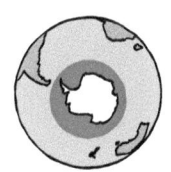

Антарктический океан

Antarktiska Oceanen

Северный Ледовитый
океан

Arktiska Oceanen

Северный полюс

Nordpol

Южный полюс

Sydpol

Антарктика

Antarktis

земля

Jorden

суша

land

море

hav

остров

ö

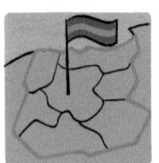

нация

nation

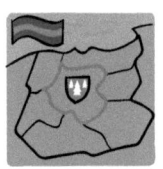

государство

stat

циферблат

urtavla

часовая стрелка

timvisare

минутная стрелка

minutvisare

секундная стрелка

sekundvisare

Который час?

Vad är klockan?

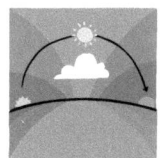

день

dag

время

tid

сейчас

nu

электронные часы

digital klocka

минута

minut

час

timme

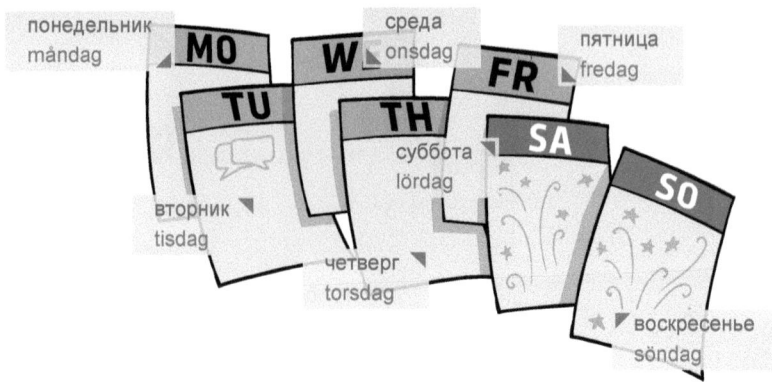

понедельник
måndag

вторник
tisdag

среда
onsdag

четверг
torsdag

пятница
fredag

суббота
lördag

воскресенье
söndag

вчера
igår

сегодня
idag

завтра
imorgon

утро
morgon

полдень
middag

вечер
kväll

рабочие дни
vardagar

выходные
helg

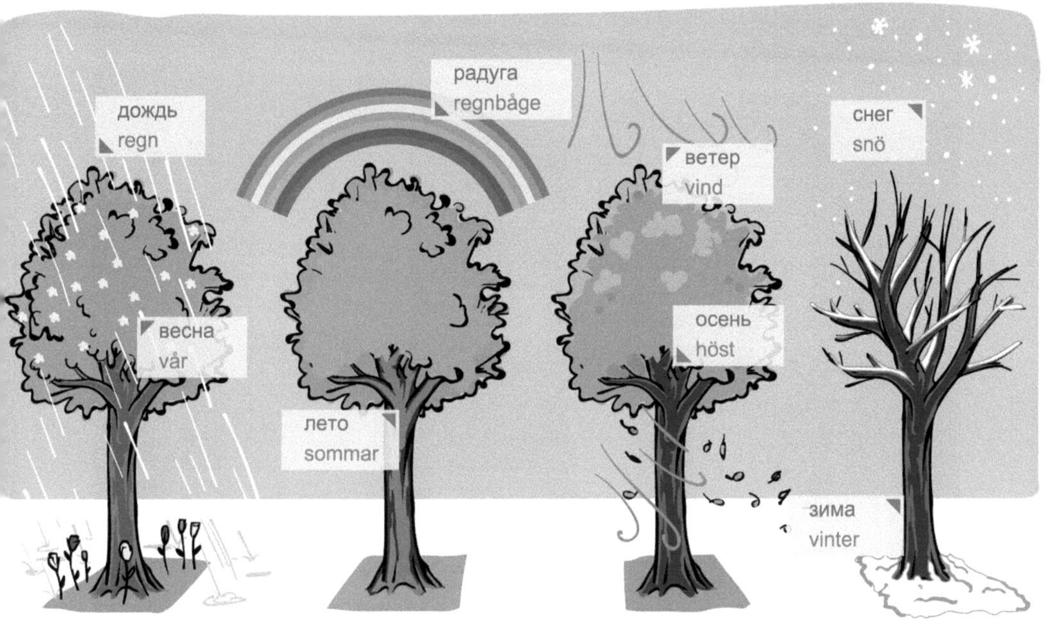

дождь
regn

радуга
regnbåge

ветер
vind

снег
snö

весна
vår

осень
höst

лето
sommar

зима
vinter

прогноз погоды

väderprognos

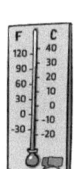

термометр

termometer

солнечный свет

solsken

туча

moln

туман

dimma

влажность воздуха

luftfuktighet

молния

blixt

гром

åska

буря

storm

град

hagel

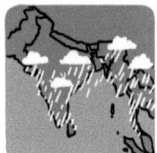

муссон

monsun

наводнение

översvämning

лёд

is

январь

januari

февраль

februari

март

mars

апрель

april

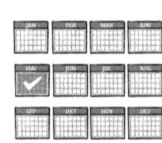

май

maj

июнь

juni

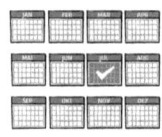

июль

juli

август

augusti

год - år

сентябрь
....
september

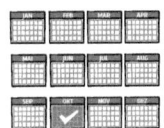

октябрь
....
oktober

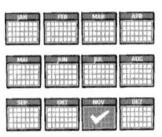

ноябрь
....
november

декабрь
....
december

формы

former

круг
....
cirkel

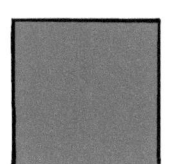

квадрат
....
kvadrat

прямоугольник
....
rektangel

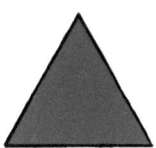

треугольник
....
triangel

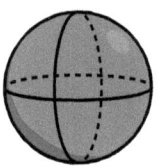

шар
....
sfär

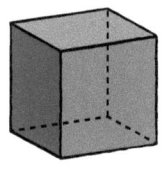

куб
....
kub

белый

vit

желтый

gul

оранжевый

orange

розовый

rosa

красный

röd

лиловый

lila

синий

blå

зелёный

grön

коричневый

brun

серый

grå

черный

svart

много / мало

mycket / lite

яростный / мирный

arg / lugn

красивый / уродливый

vacker / ful

начало / конец

början / slut

большой / маленький

stor / liten

светлый / темный

ljus / mörk

брат / сестра

bror / syster

чистый / грязный

ren / smutsig

полный / неполный

komplett / ofullständig

день / ночь

dag / natt

мёртвый / живой

död / levande

широкий / узкий

bred / smal

съедобный / несъедобный

ätlig / oätlig

злой / дружелюбный

ond / god

взволнованный / скучающий

upphetsad / uttråkad

толстый / худой

tjock / smal

сначала / в конце

först / sist

друг / враг

vän / fiende

полный / пустой

full / tom

твёрдый / мягкий

hård / mjuk

тяжёлый / легкий

tung / lätt

голод / жажда

hunger / törst

больной / здоровый

sjuk / frisk

незаконный / законный

olaglig / laglig

умный / глупый

intelligent / dum

слева / справа

vänster / höger

близко / далеко

nära / långt bort

новый / подержанный

ny / begagnad

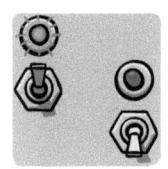

включено / выключено

på / av

открыто / закрыто

öppen / stängd

старый / молодой

gammal / ung

тихо / громко

tyst / högljudd

богатый / бедный

rik / fattig

правильный /
неправильный
rätt / fel

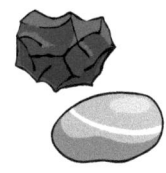

шероховатый / гладкий

grov / slät

печальный / счастливый

ledsen / glad

короткий / длинный

kort / lång

медленный / быстрый

långsam / snabb

мокрый / сухой

våt / torr

тёплый / прохладный

varm / sval

война / мир

krig / fred

0	**1**	**2**
ноль	один	два
noll	ett	två

3	**4**	**5**
три	четыре	пять
tre	fyra	fem

6	**7**	**8**
шесть	семь	восемь
sex	sju	åtta

9	**10**	**11**
девять	десять	одиннадцать
nio	tio	elva

12

двенадцать

tolv

13

тринадцать

tretton

14

четырнадцать

fjorton

15

пятнадцать

femton

16

шестнадцать

sexton

17

семнадцать

sjutton

18

восемнадцать

arton

19

девятнадцать

nitton

20

двадцать

tjugo

100

сто

hundra

1.000

тысяча

tusen

1.000.000

миллион

miljon

английский

engelska

американский английский

amerikansk engelska

мандаринский китайский

kinesisk mandarin

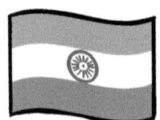

хинди

hindi

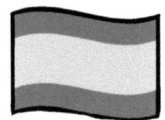

испанский

spanska

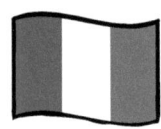

французский

franska

арабский

arabiska

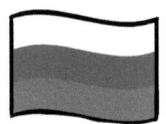

русский

ryska

португальский

portugisiska

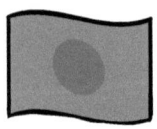

бенгальский

bengali

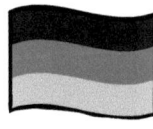

немецкий

tyska

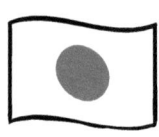

японский

japanska

я

jag

ты

du

он / она / оно

han / hon / den (det)

мы

vi

вы

ni

они

de

кто?

vem?

что?

vad?

как?

hur?

где?

var?

когда?

när?

имя

namn

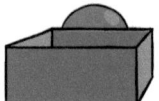

за

bakom

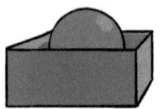

в

i

перед

framför

над

över

на

på

под

under

рядом

bredvid

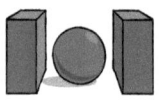

между

mellan

место

plats